망한 사랑 구조법

한때 내 마음을 빼앗아 간 모든 이들에게.

그중에서도 내게 자기 마음을 건네준 이들에게.

그중에서도 특히 내 인생 최고의 연인인 루비에게.

How to Love by Alex Norris

Copyright © 2023 by Alex Norris

This Korean edition was published by BALGEUNMIRAE PUBLISHING CO. in 2025 by arrangement
with Walker Books Limited through KCC(Korea Copyright Center Inc.), Seoul.

이 책은 (주)한국저작권센터(KCC)를 통한 저작권자와의 독점계약으로 밝은미래에서 출간되었습니다.
저작권법에 의해 한국 내에서 보호를 받는 저작물이므로 무단전재와 복제를 금합니다.

망한 사랑 구조법

자꾸 꼬이는 연애를 위한 본격 생존 매뉴얼

앨릭스 노리스 **옮김** 최지원

밝은미래

| 들어가는 말 | 6

이건 무슨 책이지? 13

| **혼자일 때** | 싱글일 때 생기는 질문들

사랑은 꼭 필요한가? 23

혼자가 더 좋다면? 29

외로워지면 어떡하지? 35

어떤 사람을 사랑해야 할까? 41

사랑을 어디서 찾지? 47

| **천 갈래, 만 갈래의 감정** | 사랑에 빠졌을 때 필요한 질문들

왜 나는 마음에 드는 사람 앞에서 더 어색해질까? 57

이건 사랑인가, 욕망인가? 63

급이 다른 누군가를 좋아한다면? 69

왜 항상 나쁜 남자한테 끌릴까? 75

데이트 신청은 어떻게 하는 거지? 81

고백했다가 차이면 어쩌지? 87

상대방이 나를 헷갈리게 한다면? 93

내 생각과 너무 다른 사람이라면? 99

여럿을 동시에 사랑할 수 있을까? 105

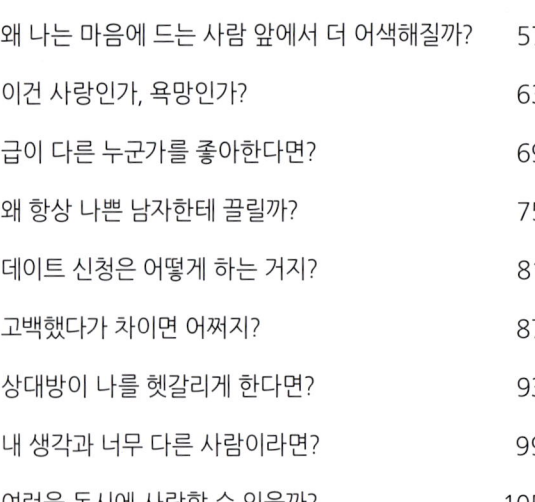

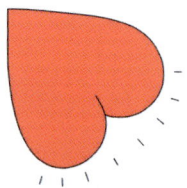

| 함께일 때 | 관계에서 생기는 질문들

이상적인 연인 관계는 어떤 모습일까?   115

로맨틱한 분위기를 만들고 싶다면?   121

속도는 어떻게 해야 할까?   127

자주 싸워도 괜찮을까?   133

왜 사람들은 연인이 생기면 우정을 버릴까?   139

어떻게 하면 섹시해질까?   145

질투는 좋은 걸까, 나쁜 걸까?   151

장거리 연애가 성공할 수 있을까?   157

사랑한다는 말은 언제 처음 하는 게 좋을까?   163

| 미래를 향해 | 다음 단계를 위한 질문들

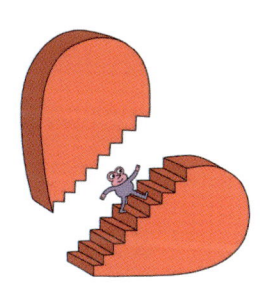

"운명의 상대"를 만날 수 있을까?   173

"영원히 행복하게" 살 수 있을까?   179

상처를 주지 않고 헤어질 순 없을까?   185

차였는데, 이제 어쩌면 좋지?   191

헤어진 후에도 친구로 남을 수 있을까?   195

새출발을 하려면?   201

다시 사랑할 수 있을까?   207

| 나가는 말 |

     214

작가의 말   222

들어가는 말

당신

여기 당신이 있어요.
혼자서 공허하긴 해도
여유를 만끽하고 있죠.

그러다 누군가가
눈에 들어와요.

아름답고
매력적인 그 사람은

당신에게 아주 쌀쌀맞죠.

바로 그 순간,

감정이 싹터요.

머릿속이 온통 사랑으로 가득 차죠.

그때부터 당신은

열정적이고 필사적인
사람으로 변해요.

그럼 상대방은 도망치고,

당신은 텅 빈 외로움 속에
홀로 남겨지죠.

그리고 조언을 찾아 헤매다, 이 책을 만나요.

책은 당신에게서
도망치지 않아요.

당신은 그걸
두 손에 꼭 쥐고

11

평생 소중히
간직하게 될 거예요.

이건 무슨 책이지?

이 책은 얼핏
평범해 보이지만

사람을 사귈 때처럼

보면 볼수록 진짜 괴상한
책이란 걸 알게 될 거예요.

당신은 "정상"이어야만
사랑받는다고 생각할지도 몰라요.

그래서 관련 서적을 찾아보며

사랑의 법칙을 배우고

그대로 따라 하려 하겠죠.

세상이 말하는 사랑은
상식과 관행에 갇혀 있어요.

이 책에선 그런 관행이
얼마나 이상한지 까발리고

당신에게 어울리는

새로운 방식은 없는지
살펴볼 거예요.

이 책에 담긴 생각들이
반드시 정답은 아니에요.

하지만 이 책을 통해
다른 관점에서 바라보고

계속해서 질문하며

탐구해 나갈 수 있어요.

그러다 보면 사랑을 대하는
나만의 방식을 찾게 될 거예요.

싱글일 때 생기는 질문들

사랑은 꼭 필요한가?

사람은 사랑이 있어야
비로소 온전함을 느끼죠.

하지만 그걸 꼭 타인에게서
찾을 필요는 없어요.

사랑을 찾을 확률이
가장 높은 장소는

바로 거울 속이에요.

자기 자신을 사랑하는 건
자아도취와 달라요.

거창하고 화려하고
절대적이지 않아도 돼요.

그저 단순하게

자기 자신과 사이좋게
지내면 되죠.

당신과 같은 것을 바라고,
같은 취미를 공유하며,
같은 소망을 품은 이는,

당신을 이해해 주고
함께 많은 시간을
보낼 수 있는 이는,

친절하게 참아 주며,
늘 응원해 주는 이는

바로 자기 자신이니까요.

자기 자신을 사랑해야
자신을 사랑해 주는 사람과
더욱 많은 걸 공유할 수 있어요.

자기 자신을 사랑해야
타인의 사랑을 받아들이고

사랑을 베푸는 법도
알게 되죠.

또한 자기 자신을
사랑할 줄 알면

혼자 있는 시간이
조금도 외롭지 않답니다.

혼자가 더 좋다면?

전통적인 연애에
집착하지 않아도

얼마든지 멋진 인생을
살 수 있어요.

걱정, 위로, 사랑, 기쁨, 열정도 충분히 누릴 수 있지요.

그러나 홀로 만족스러운
삶을 살고 있어도

사람들은 당신을
가만히 놔두지 않아요.

남들처럼 연애를
하지 않는다는 이유만으로

그들은 당신을 외롭고
불행한 사람으로 치부하죠.

어떤 관계를 더 중시하는지는
사람마다 달라요.

친구, 가족,
동반자, 반려동물,

동료, 간병인,
팀원, 동지,

고스 신스팝

영웅, 멘토, 이웃,
지인, 라이벌.

오케스트라 재즈

그러니 당신은 절대
"혼자"가 아니에요.

하지만 그런 건
진정한 관계라고
할 수 없어.

전통적인 연인 관계가
누군가에겐 잘 맞아도

연인만큼 훌륭한
듀엣은 없으니까.

누군가에겐 그렇지
않을 수 있어요.

당신 음악의 편곡은
당신에게 달려 있어요.

외로워지면 어떡하지?

당신이 이 책을 선택한 건
외로움 때문인지도 몰라요.

높은 성에서 하염없이
누군가를 기다리는
라푼젤처럼 말이죠.

외로움은 단순히 짝이 없는
상태만을 의미하지 않아요.

세상에서 고립된 느낌도
외로움이라 할 수 있죠.

떠들썩한 파티에서도
외로울 수 있고

연인과 함께여도
외로울 수 있어요.

누군가 옆에 있어도

서로 통하는 느낌을
받지 못할 수 있죠.

그럴 땐 먼저 자신이
외롭다는 사실을 인정하세요.

뜨거운 연애를 하면
그런 마음이 해소될 것 같지만,

누군가와 순식간에
너무 가까워지면

상대에게서 위안을
얻기가 힘들어요.

대신 시선을 내부로 돌려

자기 안으로
깊숙이 내려가 보세요.

그럼 외로운 마음이
점차 사그라들고

조금씩 외부와
소통할 수 있게 돼요.

그렇게 세상 밖으로
나가 보는 거예요.

어떤 사람을 사랑해야 할까?

우리는 태어난 순간부터

특정한 젠더를 연기하도록
강요받아요.

다른 젠더처럼 꾸미거나

대담한 시도를 해 보는 건
허락되지 않죠.

그뿐만이 아니에요.

우리는 반드시 "이성"과
파트너가 돼야 한다고 배워요.

조금이라도 그 길에서 벗어나면
"비정상"으로 취급받으며,

손가락질당하기도 해요.

우리 사회는 이상하게
젠더에만 집착하지만,

젠더 말고도
내게는 다양한
측면이 있어.

누군가에게 끌리는 이유에는
그 밖에도 여러 가지가 있어요.

난 너의 성격과 취미와 세계관과
약점과 태도와 얼굴과 춤과 친구들과
몸과 스타일과 신념과 이야기와 심성과
웃음과 다정함과 삶과 미소와 걸음걸이가 좋아.

연인의 어떤 면을 중요하게
보는지는 사람마다 달라요.

내 젠더도?

응, 그것도
너의 일부이고
난 네 모든 걸
좋아하니까.

젠더도 그중 하나가
될 수 있고, 아닐 수도 있죠.

44

함께 젠더 역할을 바꿔 가며
시험해 보는 방법도 있어요.

여태껏 굳어진 생각의 틀에서 벗어나는 게
쉽지만은 않을 거예요.

내가 정녕 누구이고 무엇을
원하는지 알아내는 것도요.

외부의 시선과 죄책감을
이겨 내야 하니까요.

사랑을 어디서 찾지?

"쓰레기통으로 쏙!"

당신은 강렬하고 섹시한
연애가 하고 싶어요.

당신 곁에 이미
사랑스러운 친구들이 있다면

서로 잘 알고
이해하는 사람보다

더 좋은 연애 상대가
어디에 있겠어요?

우정을 사랑으로 발전시키는 건
아름다운 일이에요.

하지만 연애에는 언제나
위험이 따르죠.

자칫하면 친구들과의
관계도 복잡해지고 말이에요.

그럴 땐 환경을 바꿔
새롭게 시작해 보세요.

소개팅을 해 보는 건
좋은 생각이에요.

정식으로 새로운 사람을
만나볼 수 있으니까요.

아니면 파티에 참석해서

가볍고 육감적인
만남을 추구할 수도 있죠.

새로운 취미를 만들어
사교의 장을
넓혀볼 수도 있어요.

연애로 이어지지 않더라도
새로운 재능을 개발하게 될 거예요.

그러다가 마음에 드는 사람을
만날 수도 있겠죠.

그 사람이 반드시
내 짝이라는 건 아니에요.

다음 단계는?

거기서부터가 시작인 거죠.

천 갈래, 만 갈래의 감정

사랑에 빠졌을 때 필요한 질문들

당신은 자아란 절대 불변이라고
생각할지도 몰라요.

혹은 너무 많이 타협하는 게
고민일 수도 있죠.

그러나 조금 물렁하고
유연하다고 해서

잘못될 건 없어요.

새로운 사람들을 만날 때

쉽게 어우러질 수 있으니까요.

문제는 누군가를 만났는데,

너무 좋아서 미칠 것
같을 때 발생해요.

흔히들 "반했다"고 하죠.

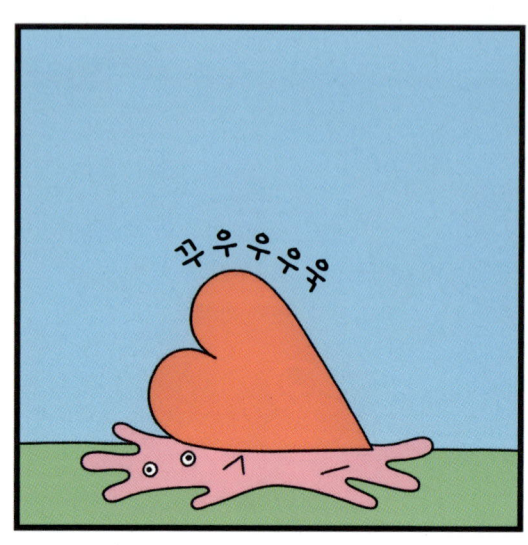

그런 감정은 당신을
완전히 찌부러뜨려요.

상대의 호감을 사는 데
너무 집중한 나머지

자신이 누구인지
잊어버리고 마는 거예요.

그리고 호감을 얻기 위해

자기 자신을 바꾸려 들죠.

누군가에게 반하면
이상해지는 사람은

자신의 그런 부분을
아껴 주는 사람을 만나세요.

그럼 둘이서 같이 이상하게
어우러질 수 있으니까요.

이건 사랑인가, 욕망인가?

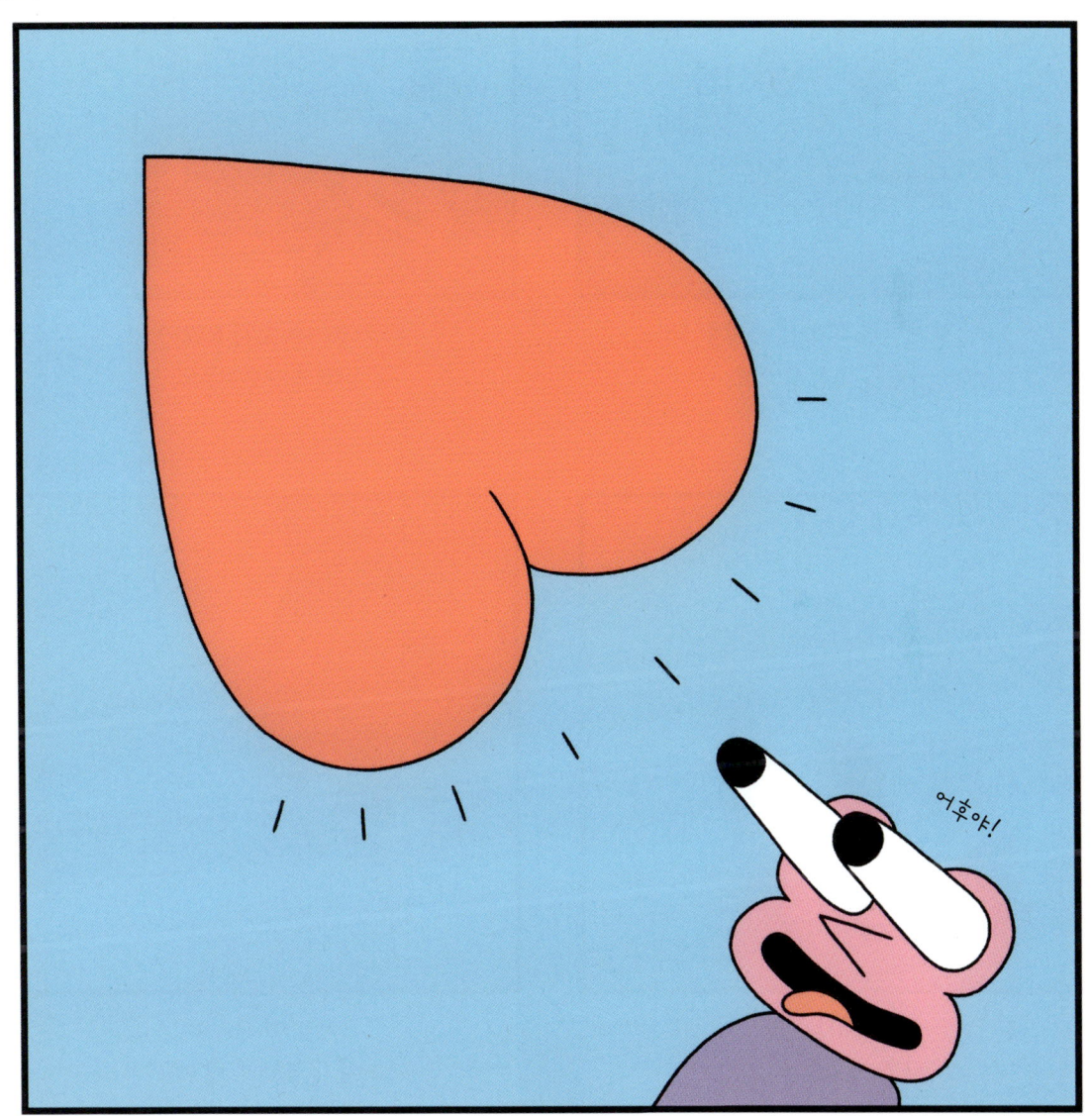

잘 알지도 못하는 사람을
사랑할 수는 없어요.

처음에는 오직 외모만
눈에 들어오거든요.

흥분하는 게
나쁜 건 아니에요.

그렇다면 무엇이
우리를 흥분하게 할까요?

그건 섹시함일 수도 있고

격려와 위안일 수도 있으며

누군가를 알아 가고
그에게 이해받는 걸 수도

재미와 즐거움일 수도 있어요.

서로 눈이 맞았다고 해서

반드시 둘이 어울리는
한 쌍이라는 보장은 없어요.

한 사람은 이걸 원하지만

상대는 다른 걸 원할 수 있죠.

안타깝게도 우리는 서로의
생각을 읽을 수 없어요.

그러므로 상대가
무엇을 원하는지는

독심술이 아닌 대화로
알아내야 해요.

지금껏 각자 무엇에
매료되었는지 이야기하며

서로가 흥분하는 부분이
같은지 확인해 보는 거예요.

급이 다른 누군가를 좋아한다면?

당신은 상자 안에 갇혔다고
느낄지도 몰라요.

좋아하는 사람과
서로 레벨이 다르면

함께하는 게 영원히
불가능해 보이죠.

그러나 상자 밖으로 나와

주위를 둘러보면
당신도 깨닫게 될 거예요.

사람은 저마다 다른 기준을 갖고 있다는 걸요.

당신이 생각하는 레벨이나 계층은 환상에 불과해요.

물론 모든 사람이 여기에
동의하지는 않을 거예요.

당신의 시각이
독특한 걸 수도 있어요.

그러나 포기하지 않고
계속해서 찾다 보면

당신과 눈높이가 같은
사람을 발견하게 될 거예요.

그러면 세상 꼭대기에 올라선
기분을 만끽할 수 있겠죠.

때론 삶이 따분하게 느껴져요.

나와 비슷한 사람들을
만나는 게

답답할 때도 있어요.

모든 걸 뒤집어 엎고
싶을 때도 있고요.

반항심을 불태우는 데는
연애만 한 게 없어요.

삶에 활력이 생기고

도전 정신이 솟구치며

일탈을 경험할 수 있으니까요.

나와 반대인 사람을 만나면
짜릿할 수 있죠.

하지만 자기 고집만
내세우는 사람과 함께하다 보면

나는 놀잇감에 불과하다는 기분이 들 거예요.

그가 다른 사람들을
어떻게 대하는지

그리고 당신에게 어떻게
하는지 살펴보세요.

자기 말에 따를 때만
친절하게 굴지는 않나요?

규범을 깨부수는 모습이
멋있어 보일지 몰라도

그러다 당신의 마음까지
깨부술 수 있단 걸 명심하세요.

그 자리에 서는 게

두려울지 몰라요.

혹시라도 거절당할까 봐

마음이 불안하겠죠.

상대방이 다가오길
기다릴 수도 있어요.

고백받는 건 기분 좋은 일이니까요.

하지만 나에게 다가오는
사람만 만나게 되면

다가오지 않는 사람은
영영 만날 수 없어요.

그렇다고 아무나
붙잡으란 말은 아니에요.

준비도 안 된 사람에게
무턱대고 다가가면 안 되죠.

당신과 비슷한 상황에 있는 사람을 찾아보세요.

그리고 그대로
직진하는 거예요.

사랑은 안 그래도
복잡하잖아요.

거절당할 경우를 대비해
친구들을 대기시킨 다음

솔직하고 분명하게
마음을 전해 보세요.

그럼 분명한 답이
돌아올 거예요.

고백했다가 차이면 어쩌지?

누군가를 좋아하게 되면

그 사람이 어마어마하게
커 보이죠.

마치 당신의 모든 게

음하하하하
하하하하하
하하하하하.

그 손에 달린 것처럼
느껴질 거예요.

하지만 다른 각도에서 보면

상대방도 곤란한 입장에
처했다고 볼 수 있어요.

당신의 마음을
받아 주지 않으면

쌀쌀맞은 사람이라고
욕먹을 테니까요.

거절의 상처는 대부분

자신이 스스로 만든 거예요.

그렇다고 내게 선을 그은
그 사람에게

실연의 아픔을
쏟아부어선 안 돼요.

당신을 치유할 힘은
당신 자신에게 있어요.

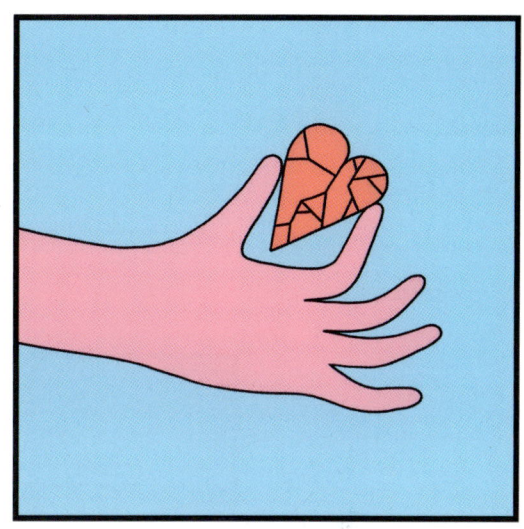

때론 상처도 받겠지만

그럴 때일수록 해야 할 일이 있어요.

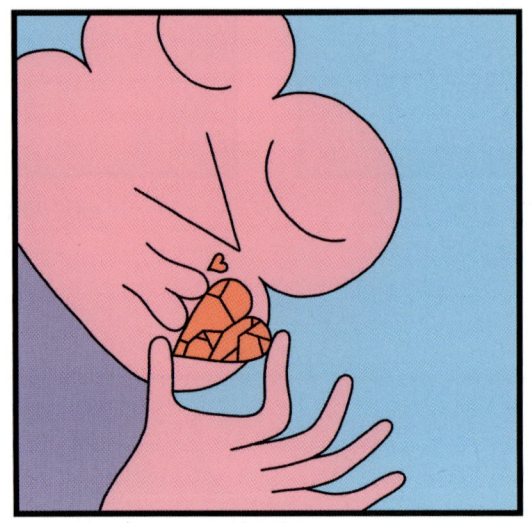

자기 자신을 더욱
소중히 대하는 것.

당신은 탐정이 된 것처럼

조심스레 관찰하고

단서를 수집하며

상대방이 당신을 어떻게
생각하는지 알아내려 해요.

설령 원치 않는 결론이 나온다 해도
어떻게든 이 수수께끼를 풀고 싶으니까요.

그 사람도 당신과 같은
마음인 게 밝혀진다면

탐정 놀이는 거기서 끝나요.

이제 마음을 터놓을 수
있게 된 거죠.

하지만 상대방이 여전히
모호하게 굴거나

말로는 좋아한다면서
행동은 그렇지 않거나

그때그때 태도를 바꾼다면

수수께끼는 아직
해결된 게 아니에요.

당신은 솔직하고 분명한
답을 들을 권리가 있어요.

상대방이 확실하게
답을 하지 않는다면

자기 자신에게 물어보세요.
"나는 이 관계가 즐거운가?"

이 문제의 답은 스스로
알아 낼 수 있을 거예요.

내 생각과 너무 다른 사람이라면?

그림을 그릴 땐
사물을 정확히 관찰해야 하죠.

당신이 원하는 대로
그리다 보면

사물의 놀랍고
흥미로운 모습을

내 존재가
부정당한 기분이야.

제대로 못 보고
지나칠 수 있어요.

사람을 좋아하게 될 때도
마찬가지예요.

이미 뚜렷한 이상형이
정해져 있으면

나의 연인이 될지도
모르는 사람에게서

넌 내가 꿈에 그리던
바로 그 이상형이야.

자기가 보고 싶은 면만
보게 되죠.

그런 상태에서는 아무리
관계가 깊어져도

파트너의 실제 모습을
알 수가 없어요.

그러다 보면 결국

내 주둥이밖에
안 그렸잖아.

오해와 실망만 남게 되죠.

상대는 당신이 생각한 것과 전혀 다른 사람이니까요.

그럼 상대방은 당신에게
인정받지 못해 속상해하고

당신은 그가 당신의 진정한 짝이 아니라는
사실을 뒤늦게서야 깨닫게 되죠.

그러니 항상 눈을
크게 뜨도록 하세요.

로맨틱 코미디는 대부분

사랑의 장애물과
딜레마를 보여 주죠.

삼각관계는 로코의
전형적인 딜레마예요.

연애에 세 사람 이상이 얽히면
주인공은 고민에 빠져요.

결국엔 둘 중 한 사람을
선택해야 하니까요.

연인이 아닌
다른 사람에게 호감이 생기면

대개 숨어서 몰래 만나요.

그러다 발각되면
원래의 사랑은 잃게 되죠.

다른 관계에서는 이런
딜레마가 발생하지 않아요.

새로운 친구나 가족이 생기면

우리 마음속에서
사랑의 용량이 더 커지죠.

여러 친구를 사랑하는 건
전혀 이상하지 않아요.

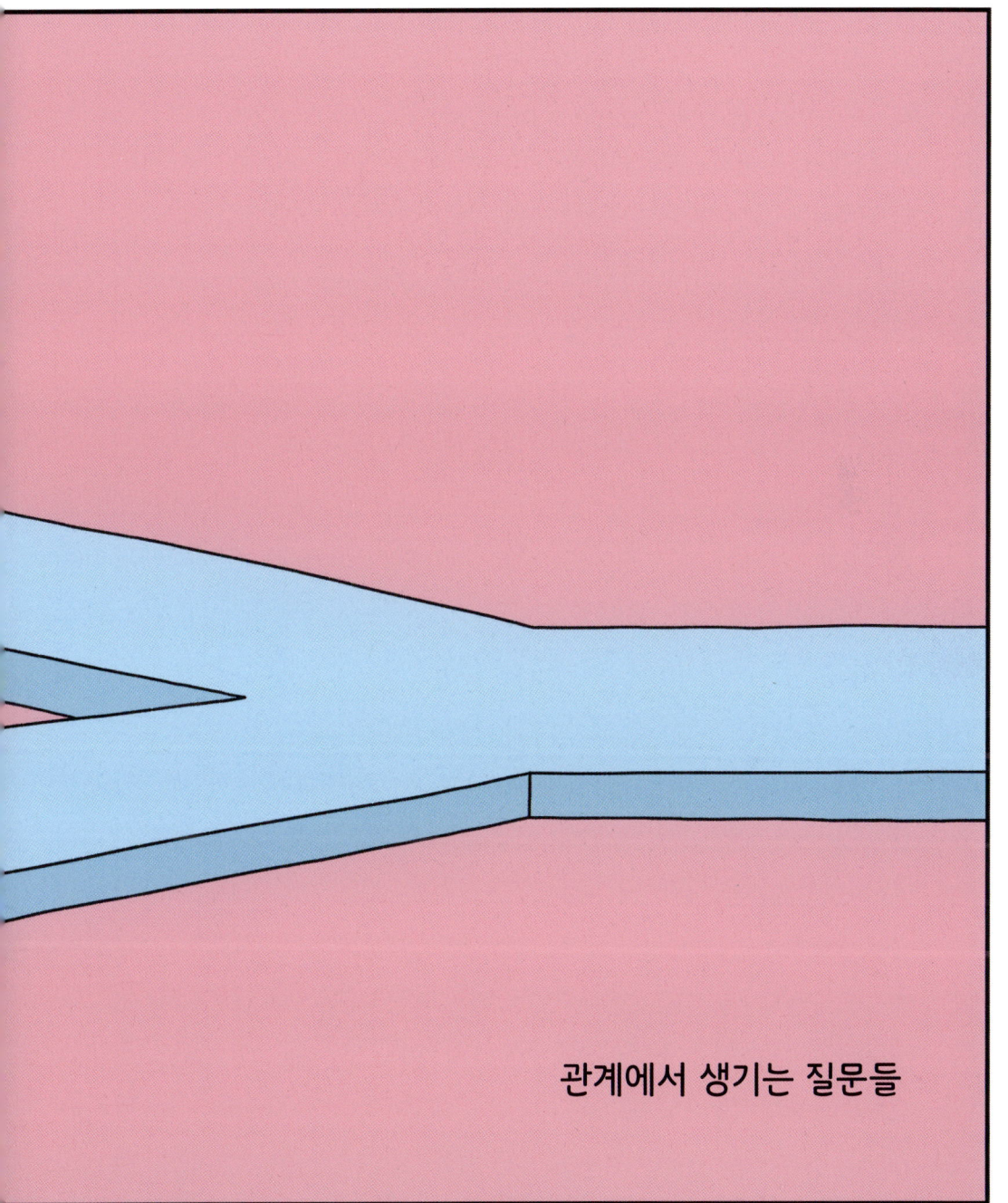

관계에서 생기는 질문들

이상적인 연인 관계는 어떤 모습일까?

관계는 다양한 형태를 취할 수 있어요.

친구 관계라면
크기도 모양도 자유롭게 만들어서

두 사람에게 가장 잘 맞는 방식으로
배를 띄울 수 있어요.

116

하지만 여러 관계 중에서

으뜸으로 여겨지는 건

아무래도 연인 관계죠.

연인 관계에는 특히나 많은
규칙과 기대가 따르기 때문에

결코 만만치가 않아요.

그 관계가 당신의 소망과
다른 모습이라면

애당초 원치도 않았던 일들로
괴로워하게 되죠.

연인 관계와 친구 관계를 별개로
생각하는 건 안타까운 일이에요.

연인끼리 우선 친구가 되지 않으면
그 관계는 공허해질 수밖에 없거든요.

연인을 제일 가까운 친구로 생각하면
더 이상 두려울 게 없어요.

둘만의 고유한 관계를
만들어 나가면 되니까요.

나름대로 거대하고
웅장한 모습으로요.

사랑에 빠지면 그 감정을 표출하고 싶은
욕구가 마구 솟구치죠.

매일 밤 연인의 꿈속에 나타나
생일 파티를 열어 주고 싶고,

당신의 눈물로 손가락이 쭈글쭈글해질 때까지
목욕을 시켜 주고 싶고,

그 사람의 귓불만 생각하며
200년간 명상을 할 수 있을 것 같아요.

로맨틱한 선물은 특별한 마음을
표현하는 하나의 방법이에요.

하지만 아이러니하게도
그런 방법을 사용하면

오히려 너무 평범한
사랑 표현이 되고 말죠.

형언할 수 없는 감정을
말로 표현하기 위해

책이나 영화에서 본
구절을 활용할 수도 있어요.

하지만 의무감에서 하는

'로맨틱'한 행동은
아무런 도움이 안 돼요.

친밀하고 안전한 관계에선

남의 시선 따위 신경 쓰지 않고

사회적 규범을 박차고 나가

둘만의 애정 표현을 만들 수 있어요.

세상에 이보다 더
로맨틱한 게 또 있을까요?

속도는 어떻게 해야 할까?

연애라는 길을 가다 보면 통과해야 할 단계들이 나와요.

이건 우리한테
아주 중요한
첫 단계야.

마치 그 단계들 자체가
헌신의 증표와도 같아서

굉장히 중요하고
아름답고 엄숙하고
사랑스러운 단계지.

둘의 관계를 시험하는 것처럼
느껴질 수도 있어요.

최대한 빨리 결승 지점에
도착해야 한다는

압박감에 짓눌리는
경우도 있을 거예요.

그럼 과정을 즐기지 못할뿐더러 둘만의 길을 개척할 수 없어요.

내가 좋아하는 일과 함께해서
즐거운 일을 찾아가는 과정에서

최선의 길이 만들어지거든요.

길을 가는 도중에
의심스러운 일이 생기면

자기 마음속을
가만히 들여다보세요.

한 사람이 다음 단계로
뛰어들 준비가 되었다고 해서

다른 사람까지 무작정
끌고 들어가서는 안 돼요.

한쪽이 꺼림칙하게 느끼면
둘이서 다른 길을 찾든지

그쯤에서 그만 갈라져야
할지도 몰라요.

두 사람은 이 여행의 동반자가
아니라는 뜻이니까요.

자주 싸워도 괜찮을까?

열정적인 두 사람이
함께하다 보면

격렬하게 부딪힐 때가 있죠.

어떤 관계에서든
가장 중요한 건

문제가 생겼을 때
대화로 풀어 나가는 거예요.

분노를 표출하는 걸
솔직하다고 생각해선 안 돼요.

화를 내면서 말하면 자신의 의도가
명확히 전달되지 않을뿐더러

상대가 마음의 문을
걸어 잠그기 때문에

제대로 된 대화가 이뤄지지
않을 가능성이 커요.

연인과 함께하는 시간은
대체로 즐거워야 해요.

툭하면 다툼이 일어나고

겨우 잠잠해질 때만
비로소 행복감을 느낀다면

그런 관계는 당신의
안식처가 될 수 없어요.

대화를 통해 차분하게

함께 문제를 해결해 가다 보면

더 이상 말다툼이 아닌
의견 교환으로 느껴질 거예요.

그럼 소모적인 싸움에
힘을 쏟는 대신

한 쌍의 핫한 커플이 될 수 있어요.

왜 사람들은 연인이 생기면 우정을 버릴까?

멋진 주인공

진짜 달팽이

대부분의 이야기에서
친구는 조연에 불과하죠.

아무리 친한 사이여도

잘생김

일단 연인이 등장하면

우리 둘이서 이야기의
주요 서사를 만들어 갑시다.

친구는 뒷전으로 밀려나요.

그럼 우정은 변하거나
그대로 끝나버리죠.

친구 "따위"는
끼어들 틈이 없으니까요.

고작 친구일 뿐인데
뭘 그리 억울해하냐는 타박을 받으면

한층 마음이 아파 와요.

우리는 종종 "친구 이상"
이라는 말을 쓰면서도

우정을 과소평가하죠.

우정도 다른 관계 못지않게

즐겁고 강력하고
오래가는데도 불구하고요.

그럴 땐, 허심탄회하게 이야기를 나눠 보세요.

새로운 사랑이 생겼다고
기존의 사랑을 버릴 필요는 없어요.

우리 삶은 여러 개의
이야기로 구성돼 있고,

우정이 들어갈 자리는
아직 많이 남아 있으니까요.

섹시함은 지식이나 요령,
기술의 문제가 아니에요.

신체적인 기량에
좌우되지도 않아요.

섹시해야 한다는
부담이 너무 강하면

파트너가 진정으로 원하는 게 무엇인지
놓쳐 버리게 돼요.

관능적이라는 건

감정과 감각이
어우러진다는 뜻이에요.

우리 몸이 온 세계와
연결되는 것이기도 하죠.

기분 좋은 감각을
인식하고

맛을 음미하며

긴장을 풀어
몸을 맡기면

파트너와 더욱 잘
교감하게 되고

다양한 방식으로
친밀감을 나눌 수 있어요.

자신의 몸과 천천히
대화를 나누면서

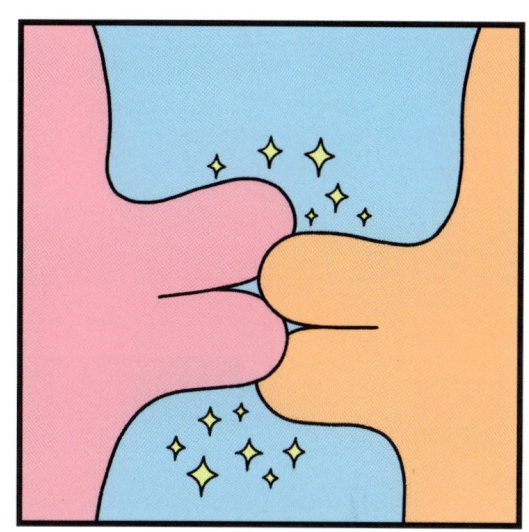

파트너가 무엇을 좋아하고
무엇을 싫어하는지
주의를 기울여 보세요.

확신이 서지 않을 땐

입술과 혀를 이용해
간단한 마법을 부릴 수 있어요.

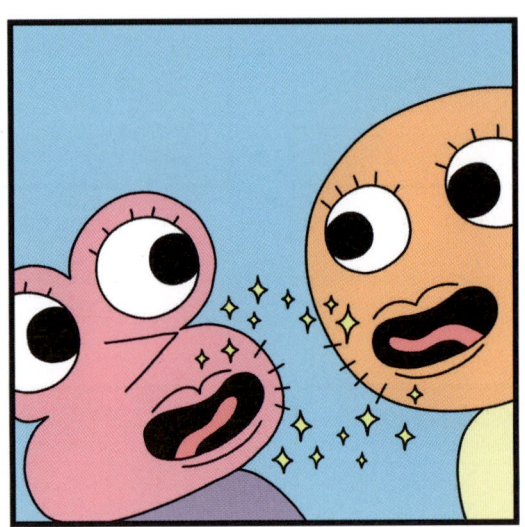

'대화'로 말이죠.

당신은 질투가
연인에 대한 관심이고

그런 표현이 필요하다고
생각할지 몰라요.

하지만 관계를 지키는 데
급급하다 보면

그곳을 좋은 보금자리로
만드는 데 소홀하게 되죠.

연인 사이에도
거리는 필요하며

아무리 높은 성을 쌓아도
질투는 사라지지 않아요.

둘의 관계에 확신이 생기면
바깥세상이 두렵지 않게 돼요.

질투심도 잘 풀어서
얘기할 수만 있으면

불안의 원인을
찾는 데 도움이 되죠.

그럼 둘이 힘을 합쳐서

더 튼튼하고 안정적인
관계를 만들 수 있어요.

연인이 다른 이들과 즐겁게 지내는 것도
기꺼이 받아들일 수 있고요.

질투하는 게 아니라
함께 기뻐하는 거예요.

각자의 삶을 즐긴다고
두 사람의 관계가 무너지진 않아요.

오히려 더욱 건강한
관계를 맺을 수 있죠.

그러니 밖으로 창을 열어 보세요.

장거리 연애가 성공할 수 있을까?

사랑하는 사람과는
늘 함께 있고 싶고

스킨십도 하고 싶죠.

떨어져 지내면 그런 게 불가능해요.

그래도 첨단 기술이
우리를 연결해 주고

서로의 거리를
좁혀 주기 때문에

그 정도로 만족하는
사람들도 있어요.

사람마다 선호하는
친밀감의 유형이 다르니까요.

하지만 상대에게 의지하고 싶어도

그러지 못하는 상황이 종종 벌어져요.

어느 정도는
견딜 수 있겠지만

그런 기간이 길어지면

따뜻했던 과거를 떠올리거나

이상적인 미래를 그리며
눈물만 훔치게 되죠.

그럼 현재를 즐기는 게
불가능해져요.

사랑한다는 말은
언제 처음 하는 게 좋을까?

연인에게 처음으로
사랑한다고 말할 때

그건 단순히 감정을
표현하는 것만은 아니에요.

돌아오는 대답을 통해

두 사람의 관계가 공고한지
확인하고픈 마음이 담겨 있죠.

하지만 그런 식으로
연인의 마음을 시험해서는 안 돼요.

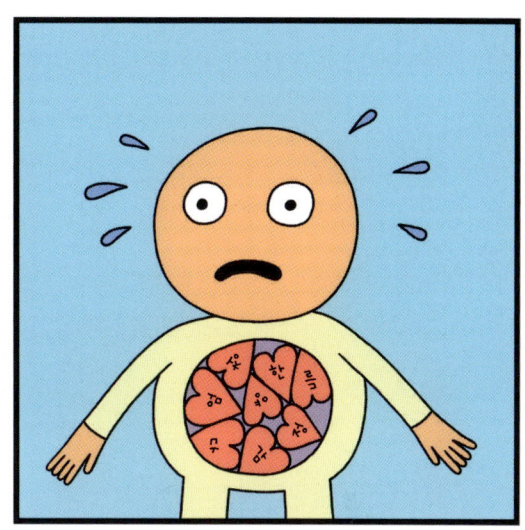

상대방은 당신에게 여러모로
좋은 감정을 품고 있지만

자기 마음을 이해하고 정리하는 데
시간이 조금 더 필요할지 몰라요.

그래서 사랑한단 말이
당장 안 나오는 거죠.

물론 사랑받는 느낌을 받지 못하는 게
썩 유쾌하지는 않아요.

그러나 애정을 표현하는
방식엔 여러 가지가 있어요.

서로에게 해 줄 수 있는
일에는 여러 가지가 있고

사랑한다는 것 말고도
서로 해 줄 말은 많아요.

상대가 어떤 식으로 애정을 표현하는지
완벽히 파악이 됐고

당신의 마음도 이미
확고해졌다면

드디어 바라는 대답을
들을 수 있다는 확신이 들 거예요.

그때가 되면 "사랑해"는
애정을 시험하는 말이 아니라

이미 알고 있는 사실을
확인하는 말이 될 거예요.

미래를 향해

다음 단계를 위한 질문들

당신은 자신을
잘 알고 있어요.

자신에게 딱 맞는 연인의
이미지도 갖고 있죠.

그 사람을 만나기만 하면
사랑이 저절로 완성될 거라고

철석같이 믿고 있어요.

사랑을 해도 자신은 절대
변하지 않을 것이며

처음부터 완벽하게 뜻이
맞을 거라고 생각하죠.

그래서 의견이 충돌하거나
삐걱거리는 일이 생기면

나와 안 맞는 사람이라며
포기하게 돼요.

하지만 처음부터 모든 게
잘 맞을 필요는 없어요.

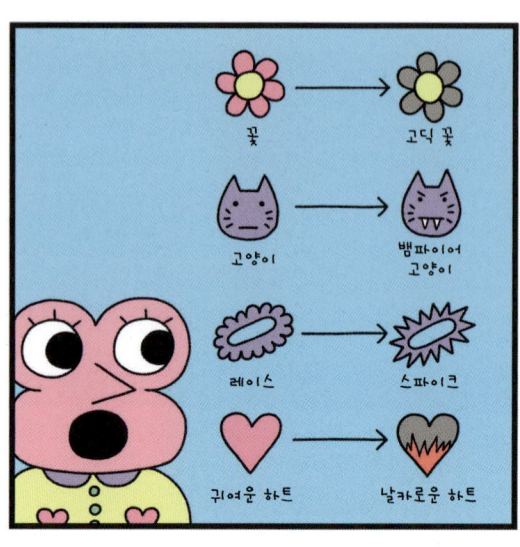

관계가 깊어지면서
각자 변화하고 성장할 테니까요.

완벽한 짝꿍을
찾는 게 아니라

서로 맞춰가는 거예요.

내가 이 사람을 위해
변할 수 있다면

다른 사람을 위해서도 변할 수 있는 건
아닌지 의심이 드나요?

난 옷 입는 게
너무 싫어.

모자 아님

옷 아님

맞아요! 하지만 아무하고나
그게 가능한 건 아니에요.

상대방을 위해 기꺼이
변하고 싶은 마음이 든다면

그 사람이 바로 당신의
완벽한 짝꿍이에요.

사랑 이야기는 매번
같은 패턴으로 진행되죠.

장애물이 등장해서
연인을 방해해도

두 사람은 결국
위기를 극복해요.

끝.

우리가 보통 생각하는 로맨틱한 사랑은
영원히 서로에게 헌신하지만

실제 사랑은 그 단계로 발전하기 전에
끝나 버릴 때가 많죠.

우리는 사랑에 빠지는
순간에만 집중한 나머지

그 후엔 어떻게 해야 하는지
모르는 경우가 많아요.

영원히 함께하는 것을
목표로 삼다 보면

잘못된 관계를 계속
이어가는 우를 범하거나

얼마 안 가 권태기에 빠지게 되죠.

좋은 관계란 장애물이
하나도 없는 게 아니라

힘든 상황이 닥치면
함께 극복하고

평화로운 시기에는
함께 즐기는 거예요.

행복은 영원히
지속되는 게 아니에요.

함께 노력하며
쟁취해 나가는 거죠.

연인 관계가
만족스럽지 않을 때

당신은 자연스럽게 멀어지길
바랄지도 몰라요.

하지만 친밀했던 관계는
그리 쉽게 정리되지 않아요.

아주 복잡하고 고통스러운 과정이 따르기 마련이죠.

관계를 끝내고 싶어도

상대방에 대한 배려를
잊어서는 안 돼요.

이럴 땐 최대한 분명하게 해 주는 게
오히려 친절한 거예요.

그렇다고 냉정하고
잔인해지라는 말은 아니에요.

상대가 현재 상황을
정확히 이해하고

포기하도록 돕는 거죠.

그래야 상대방도
마음의 준비를 하고

자신의 감정과
마주할 수 있어요.

이별은 고통스러운 일이라
용기가 필요해요.

헤어질 때 가장 슬픈 건

더 이상 서로의 아픔을
보듬어줄 수 없다는 거죠.

당신은 사랑받고
행복해질 자격이 있어요.

하지만 지금은 사랑도 행복도
느낄 수가 없죠.

하루빨리 그런 상태에서
벗어나고 싶겠지만

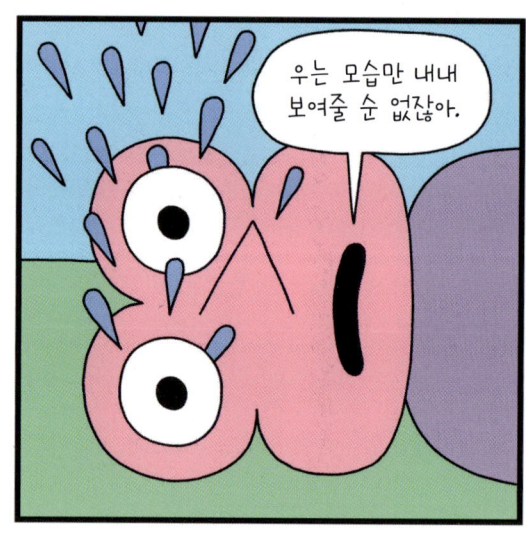

너무 서두르진 마세요.

슬픔이 영원히
지속되진 않을 거예요.

조금씩 조금씩
치유가 될 테니까요.

인내심을 갖고 자신을
소중히 여겨 주세요.

연인 관계가 생각보다
빨리 끝나버리는 건

참담한 일이니까요.

두 사람이 생각처럼
잘되지 않았고

사귀는 동안 난장판이
벌어질 때가 많았다면

다른 식으로
관계를 맺으려 해도

잘 안 될 가능성이 커요.

합이 잘 맞는
사이였다고 해도

둘의 관계에 들어가는 재료들이
이미 조리가 끝난 상태라면

그걸로 새로운 무언가를
만들어 내는 건

아마 어려울 거예요.

친구로 남고 싶다면
모든 걸 새롭게 시작해야 해요.

지금까지 함께한
시간들은 뒤로하고

각자의 시간을 가지며,

새로운 사람들을 만나 보세요.

새로운 관계가 많아지면,
그 사람과 친구로 남을 필요를 못 느낄 수도 있어요.

그게 아니라면 다시 만나되

이전과는 다른 재료를
들고 가야 해요.

그래야 비로소 새로운
우정이 탄생하게 될 거예요.

새출발을 하려면?

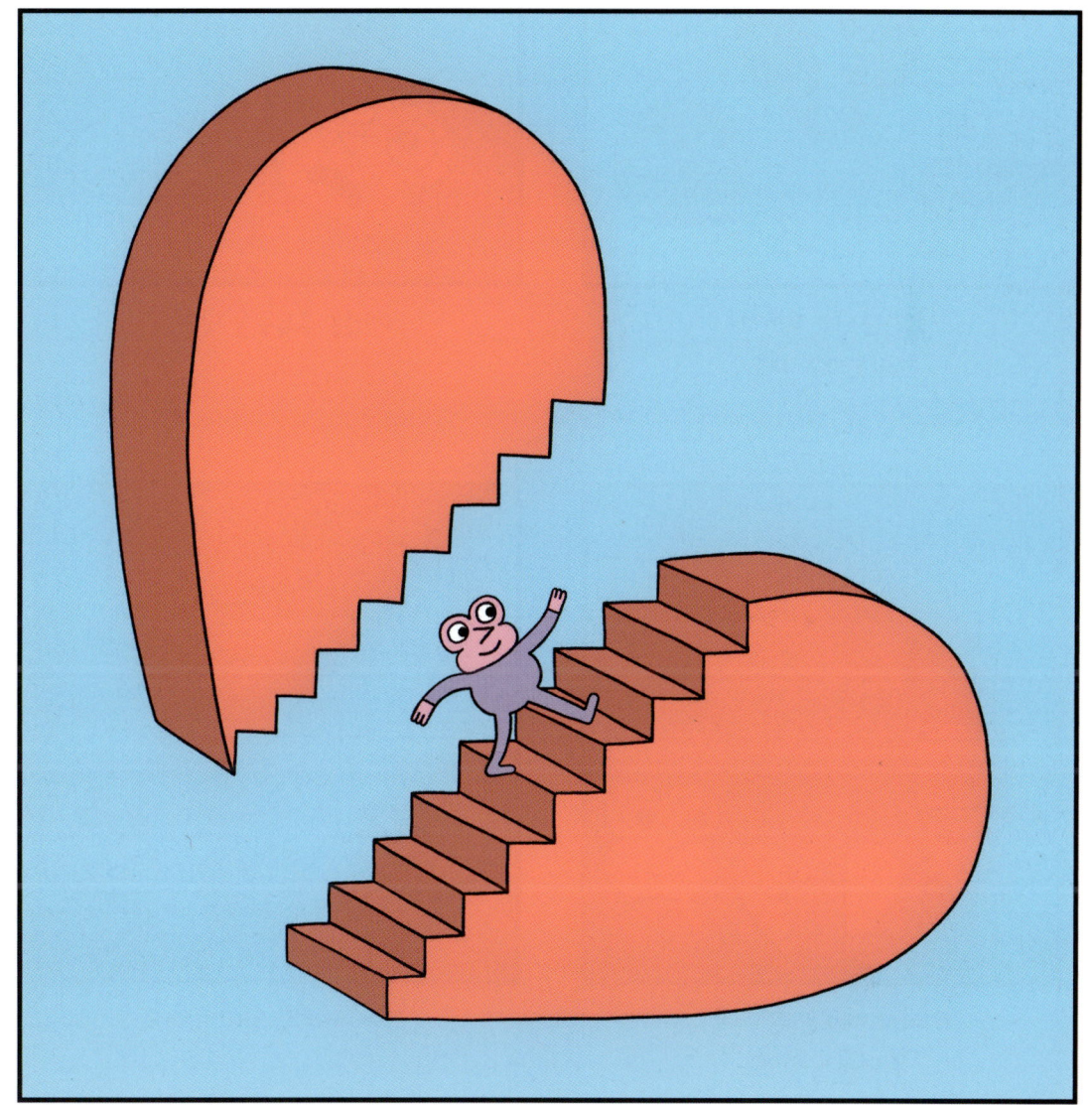

설령 당신이 원해서
헤어졌다고 해도

이별은 후유증을 남겨요.

따라서 새로운 관계에
뛰어들기 전에

먼저 처리할 일이 있어요.

남은 감정들을
모조리 묻어 버리고

어서 돌아서고 싶겠지만

우리가 묻어 두려고 하는
어두운 감정들은

오히려 더 무성하게
자라나곤 해요.

고통스러운 감정을
용감히 마주하고,

순리대로 흘러가며,

새로운 친구를 사귀고
취미를 즐기다 보면,

날카로웠던 모서리가
어느새 부드럽게 갈려 나가죠.

이전의 사랑은 언제까지고
당신을 떠나지 않아요.

그걸 부드러운
기억으로 만들어 놓으면

뼈가 되고, 살이 되어서

훗날 어떤 일이 닥쳐도

너끈히 감당할 수 있죠.

여기, 또 당신이 있어요.

처음처럼 공허함에 빠져 있죠.

너무 사랑했던 누군가를

다른 누군가로 대체하는 건
상상도 할 수 없어요.

하지만 언젠간 새로운 사람에게로 마음이 움직일 거예요.

하지만 이전과 똑같은
사랑을 할 수는 없어요.

사람은 각기 다르고 모든 관계에는
저마다 고유한 특성이 있으니까요.

지나간 사랑을
되풀이하려 들지 말고

지금 내게 필요한 게
뭔지 잘 생각해 보세요.

꼭 연인이 아니더라도

당신의 필요를 채워 줄
사람들이 있을 거예요.

사람은 끊임없이 변해요.

현재의 당신은 과거에 연애하던 시절과는
또 달라져 있죠.

그러니 지금 당신에게
필요한 사람은

지금껏 경험해 보지 못한
새로운 누군가일 거예요.

나가는 말

하트는 사랑의 여러 측면을
보여 주는 상징물이죠.

사랑은 부드럽고
아늑한가 하면,

날카롭고 아프기도 해요.

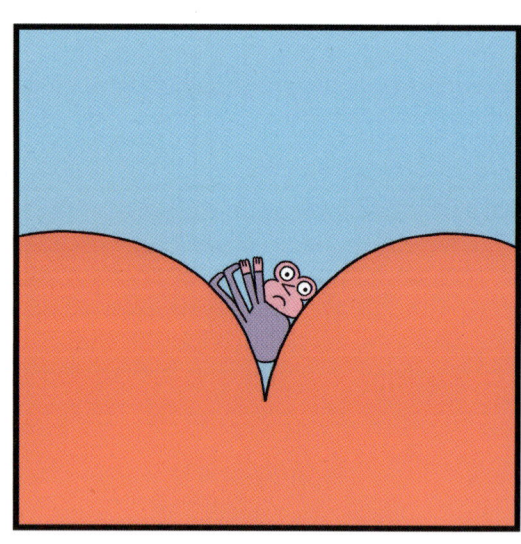

그 안에 갇히면 옴짝달싹
못 하게 돼요.

책으로는 사랑에 관해
추상적인 이야기밖에 전할 수 없어요.

게다가 이론을 아무리
많이 배워도

세상으로 나가
현실을 마주하면

사랑이 얼마나 복잡하고
어려운지 실감하게 되죠.

직접 부딪치며 실수를 해 봐야
자신만의 교훈을 얻을 수 있어요.

이 책을 읽고 나서는 부디 자기만의 방식을
찾아보시길 바라요.

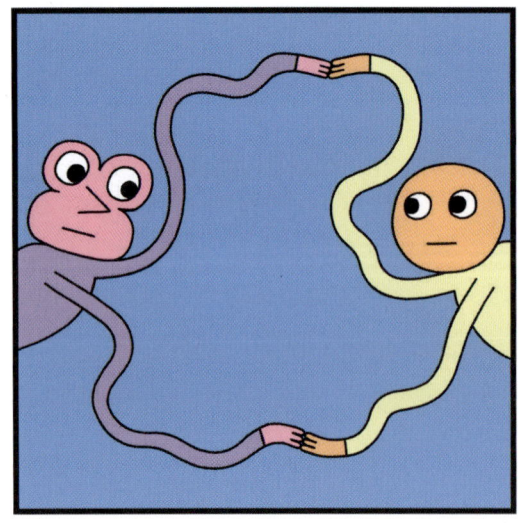

그래야만 어려움에 대비하고
위험을 피하면서

자신에게 가장 잘 맞는
관계를 만들어 나갈 수 있어요.

책과 독자의 관계는
정말 특별해요.

책이 진정한 의미를 갖는 건

누군가가 그 내용을
이해해 줄 때에요.

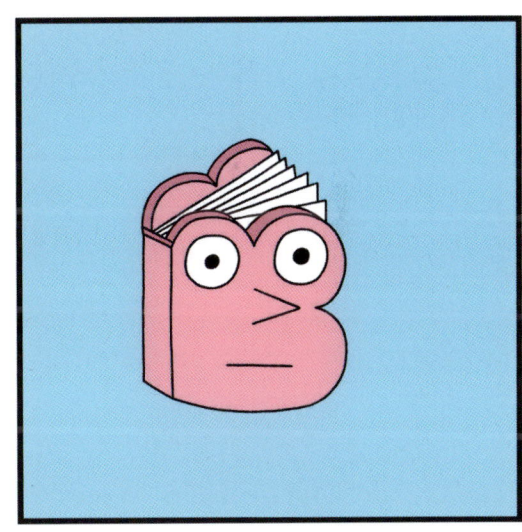

부디 이 책이

당신의 마음에
가닿기를 빌어요.

작가의 말

반가워요, 전 앨릭스 노리스예요. 영국 웨일스에 있는 스완지라는 동네에 살고 있죠.

『웹코믹 네임』이라는 코믹 웹툰을 그리고 있는데, 모든 회차가 "오, 이런"이라는 말로 끝나요.

이게 제 웹툰의 한 예시예요.

항상 같은 식으로 마무리를 짓죠.

오, 이런.

『망한 사랑 구조법』도 웹툰에서 시작됐어요. 원래는 아주 단순한 연애 조언을 해 주는 초현실적인 풍자 만화였죠.

그래서 사랑을 연구한다는 명목으로 지인들의 연애사에 귀를 쫑긋거리며 다녔어요.

파리들은 공중에서 서로 부딪치며 짝짓기를 해.

정말 신기하다. 가르쳐 줘서 고마워.

하지만 얼마 안 가서
독자들이 원하는 건 공감에서 우러난
진심 어린 조언이라는 걸
알게 되었죠.

이 캐릭터는
나랑 정말
비슷한 것 같아.

저는 성소수자라서, 이 책에
제 시각이 담겨 있을 수 있어요. 하지만
모든 분께 도움이 되도록 노력했답니다.

나의
게이스러운
모자

제 인생이 완벽해서 여러분께
조언을 드리는 건 아니에요.

'작가의 말'에
파리가 왜
이렇게 많지?

그저 남다르고 괴상한 책을 써 보고
싶었어요. 제가 그런 사람이니까요.

앨릭스 노리스

영국 스완지 출신의 퀴어 작가로 브리스톨 대학교에서
영문학을 전공한 후, 『웹코믹 네임』, 『망한 사랑 구조법』,
『헬로 월드』 등의 재치 넘치는 웹툰을 그렸다.
소셜 미디어 팔로워 수가 백만 명을 넘는 등
전 세계적으로 엄청난 팬층을 보유하고 있다.
@sillyalexnorris

최지원

연세대학교 신문방송학과를 졸업하고 미국
에머슨 대학(Emerson College)에서 미디어 아트를
전공했다. 미국에서 문화산업 관련 일을 했으며
영화, 드라마, 다큐멘터리 등 다양한 영상을 번역해 왔다.
현재 번역에이전시 엔터스코리아에서 출판기획자 및 전문번역가로
활동 중이다. 옮긴 책으로는 『나는 초민감자입니다』, 『기분 좋아지는 책』,
『가스라이팅에서 회복하기』, 『시계 보는 건 재밌어』, 『한여름 밤,
무엇 때문에 깼니?』, 『브론테 자매, 폭풍의 언덕에서 쓴 편지』 등이 있다.

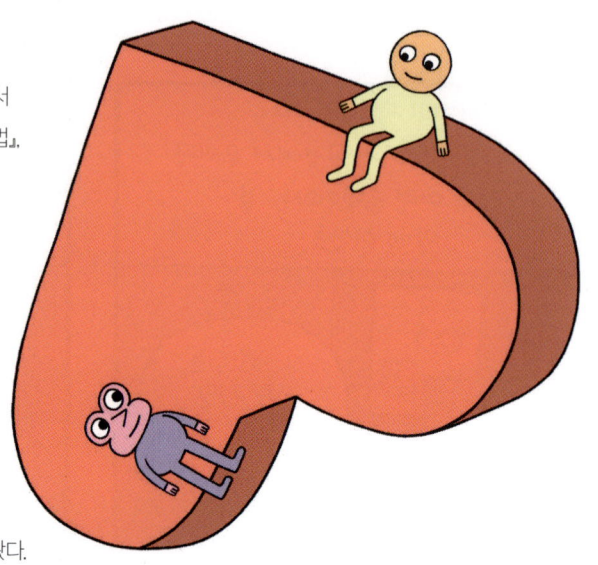

망한 사랑 구조법

초판 1쇄 발행 2025년 9월 2일

글 그림 앨릭스 노리스 | **옮김** 최지원
펴낸이 도승철 | **펴낸곳** 밝은미래 | **등록** 2005년 5월 2일 (제105-14-87935호)
주소 경기도 파주시 회동길 349 3층
전화 031-955-9550 | **팩스** 031-955-9555
홈페이지 http://www.bmirae.com | **인스타그램** @balgeunmirae1
편집 송재우 박수현 | **마케팅** 김경훈 | **경영지원** 강정희
표지 및 본문 편집 디자인 이남숙

ISBN 978-89-6546-756-4 07840